AF175364

Impressum
Verlag: BABADADA GmbH, Nedderfeld 112 , 22529 Hamburg
Geschäftsführer / Verlagsleitung: Harald Hof
Druck: Books on Demand GmbH, In de Tarpen 42, 22848 Norderstedt

Imprint
Publisher: BABADADA GmbH, Nedderfeld 112 , 22529 Hamburg, Germany
Managing Director / Publishing direction: Harald Hof
Print: Books on Demand GmbH, In de Tarpen 42, 22848 Norderstedt, Germany

la escuela
Schule

dividir
dividieren

186/2

la pizarra
Tafel

el aula
Klassenzimmer

el patio
Schulhof

el maestro/a
Lehrer

el papel
Papier

escribir
schreiben

el bolígrafo
Stift

el escritoria
Schreibtisch

la regla
Lineal

el libro
Buch

el alumno/a
Schüler

la cartera
....
Ranzen

la caja de lápices
....
Federmappe

el lápiz
....
Bleistift

el sacapuntas
....
Bleistiftanspitzer

la goma de borrar
....
Radiergummi

el cuaderno de dibujo
....
Zeichenblock

el dibujo

Zeichnung

el pincel

Pinsel

la caja de pinturas

Malkaster

las tijeras

Schere

el pegamento

Klebstoff

el cuaderno de ejercicios

Übungsheft

los deberes

Hausaufgabe

el número

Zahl

sumar

addieren

restar

subtrahieren

multiplicar

multiplizieren

calcular

rechnen

la letra

Buchstabe

el alfabeto

Alphabet

la palabra

Wort

el texto

Text

leer

lesen

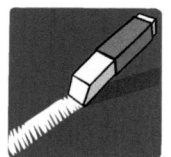

la tiza

Kreide

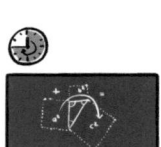

la lección

Stunde

el cuaderno de notas

Klassenbuch

el examen

Prüfung

el certificado

Zeugnis

el uniforme

Schuluniform

la educación

Ausbildung

la enciclopedia

Lexikon

la universidad

Universität

el microscopio

Mikroskop

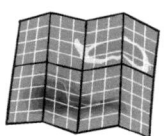

el mapa

Karte

la papelera

Papierkorb

el viaje

Reise

el hotel
Hotel
Grand
el albergue
Herberge
ROOMS
EXCHANGE
oficina de cambio de divisas
echselstube
la maleta
Koffer
el coche
Auto

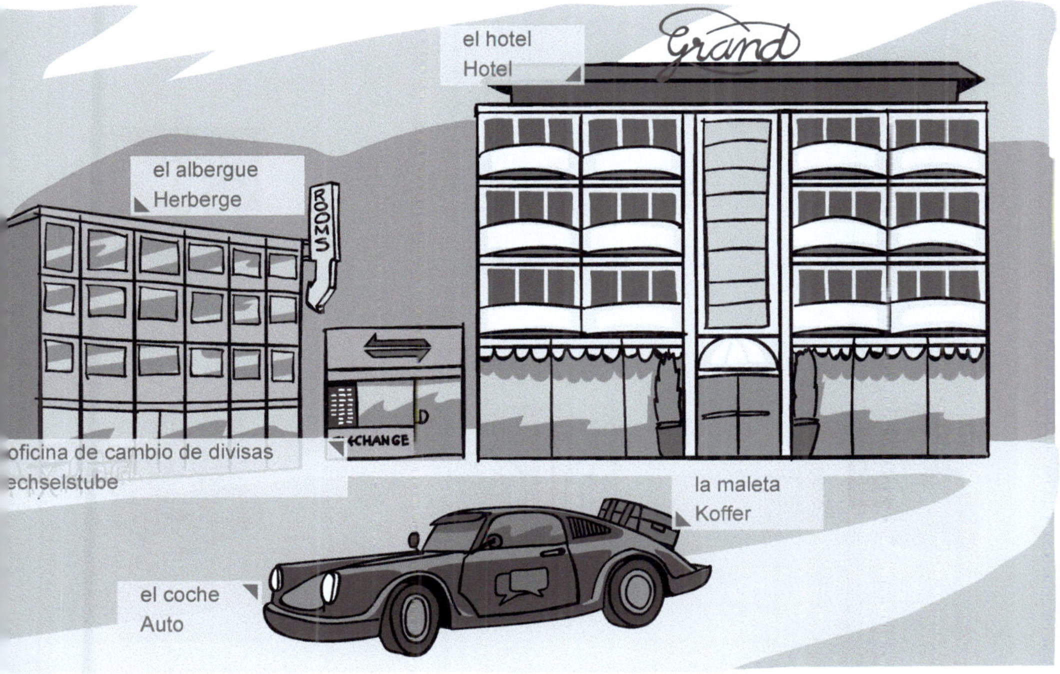

el idioma

Sprache

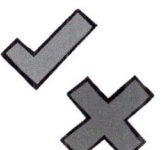

sí / no

ja / nein

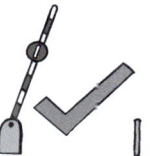

Vale

Okay

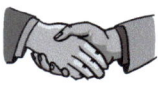

hola

Hallo

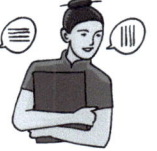

el traductor

Übersetzer

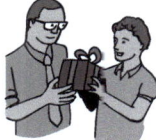

Gracias

Danke

¿cuánto es…?

Was kostet…?

No entiendo

Ich verstehe nicht

el problema

Problem

¡Buenas tardes!

Guten Abend!

¡Buenos días!

Guten Morgen!

¡Buenas noches!

Gute Nacht!

adiós

Auf Wiedersehen

la dirección

Richtung

el equipaje

Gepäck

la bolsa

Tasche

la mochila

Rucksack

el invitado

Gast

la habitación

Zimmer

el saco de dormir

Schlafsack

la tienda de campaña

Zelt

la información turística

Touristeninformation

la playa

Strand

la tarjeta de crédito

Kreditkarte

el desayuno

Frühstück

el almuerzo

Mittagessen

la cena

Abendessen

el billete

Fahrkarte

el ascensor

Fahrstuhl

el sello

Briefmarke

la frontera

Grenze

la aduana

Zoll

la embajada

Botschaft

la visa

Visum

el pasaporte

Pass

el transporte
Transport

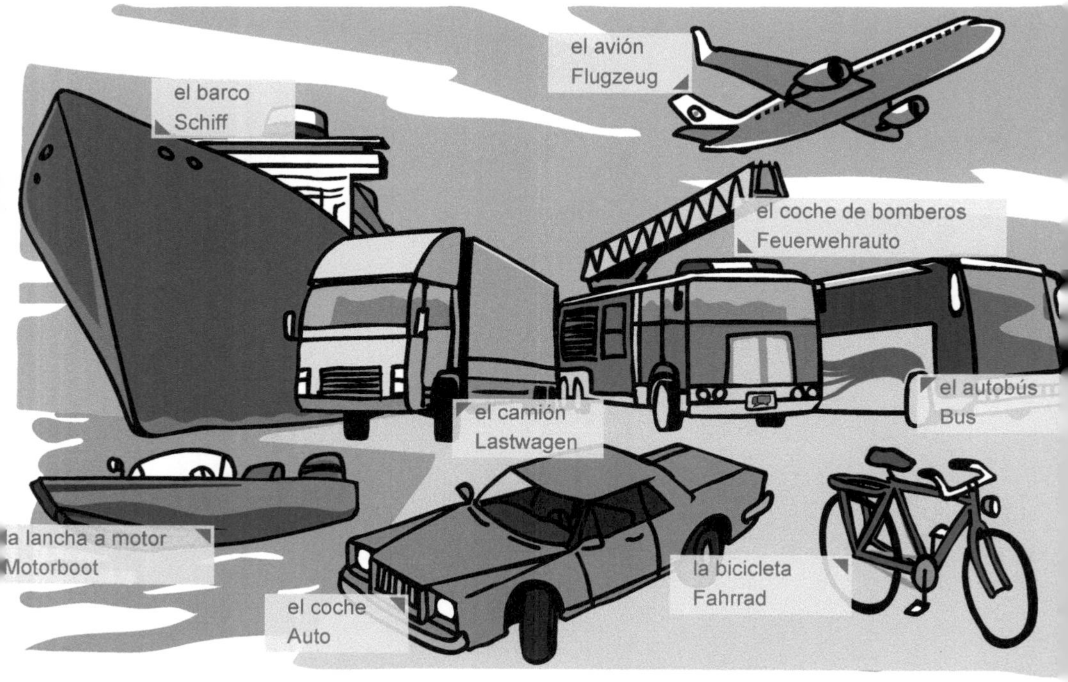
el avión
Flugzeug
el barco
Schiff
el coche de bomberos
Feuerwehrauto
el autobús
Bus
el camión
Lastwagen
la lancha a motor
Motorboot
la bicicleta
Fahrrad
el coche
Auto

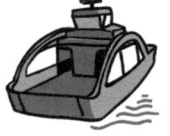

el transbordador

Fähre

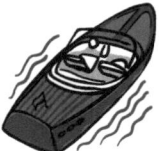

la barca

Boot

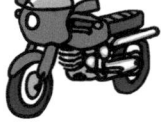

la moto

Motorrad

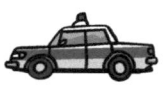

el coche de policía

Polizeiauto

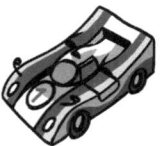

el coche de carreras

Rennauto

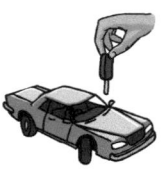

el coche de alquiler

Mietwagen

el préstamo de vehículos

Carsharing

la grúa

Abschleppwagen

el camión de la basura

Müllauto

el motor

Motor

la gasolina

Kraftstoff

la gasolinera

Tankstelle

la señal de tráfico

Verkehrsschild

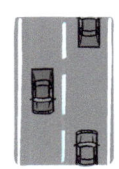

el tráfico

Verkehr

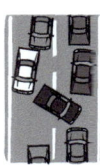

el atasco

Stau

el aparcamiento

Parkplatz

la estación de tren

Bahnhof

las vías

Schienen

el tren

Zug

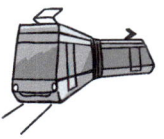

el tranvía

Straßenbahn

el vagón

Wagon

el helicóptero

Helikopter

el aeropuerto

Flughafen

la torre

Tower

el pasajero

Passagier

el contenedor

Container

la caja de cartón

Karton

la carretilla

Karren

la cesta

Korb

despegar / aterrizar

starten / landen

la ciudad
Stadt

el pueblo

Dorf

el centro de la ciudad

Stadtzentrum

la casa

Haus

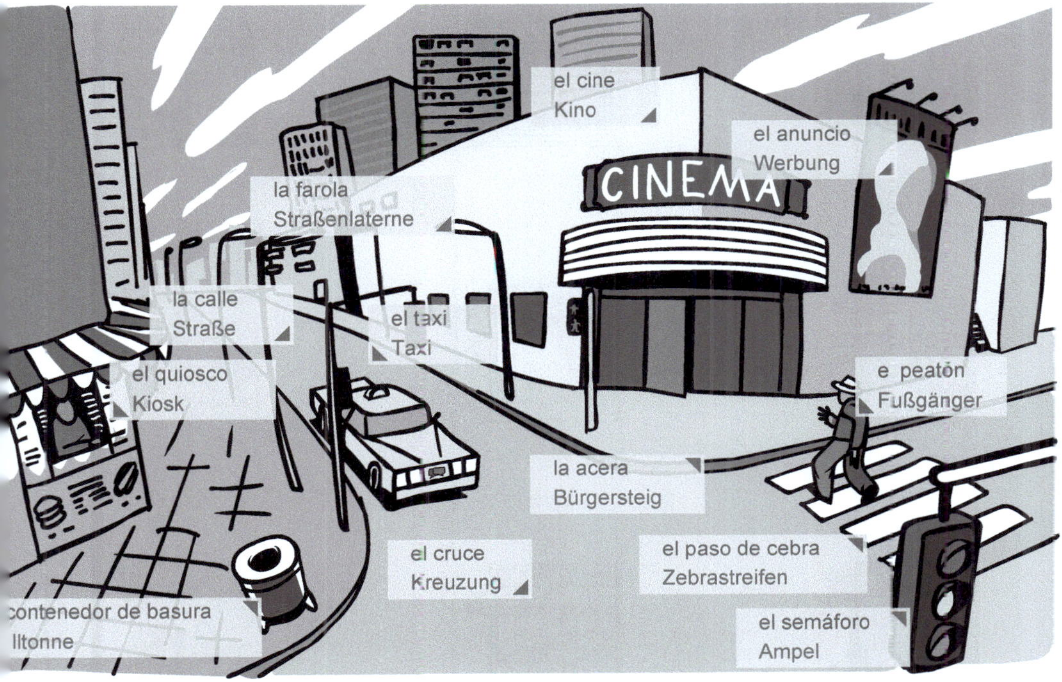

el cine
Kino

el anuncio
Werbung

la farola
Straßenlaterne

la calle
Straße

el taxi
Taxi

el quiosco
Kiosk

e peatón
Fußgänger

la acera
Bürgersteig

el cruce
Kreuzung

el paso de cebra
Zebrastreifen

contenedor de basura
lltonne

el semáforo
Ampel

la cabaña
Hütte

el apartamento
Wohnung

la estación de tren
Bahnho⁼

el ayuntamiento
Rathaus

el museo
Museum

la escuela
Schule

la universidad

Universität

el banco

Bank

el hospital

Krankenhaus

el hotel

Hotel

la farmacia

Apotheke

la oficina

Büro

la librería

Buchhandlung

la tienda de campaña

Geschäft

la floristería

Blumenladen

el supermercado

Supermarkt

el mercado

Markt

los grandes almacenes

Kaufhaus

la pescadería

Fischhändler

el centro comercial

Einkaufszentrum

el puerto

Hafen

el parque

Park

el banco

Bank

el puente

Brücke

las escaleras

Treppe

el metro

U-Bahn

el túnel

Tunnel

la parada de autobús

Bushaltestelle

el bar

Bar

el restaurante

Restaurant

el buzón

Briefkasten

el poste indicador

Straßenschild

el parquímetro

Parkuhr

el zoo

Zoo

la piscina

Badeanstalt

la mezquita

Moschee

la granja

Bauernhof

la contaminación

Umweltverschmutzung

el cementerio

Friedhof

la iglesia

Kirche

el patio de juego

Spielplatz

el templo

Tempel

el paisaje
Landschaft

la hoja
Blatt

la señal
Wegweiser

el camino
Weg

el prado
Wiese

la piedra
Stein

el excursionista
Wanderer

el árbol
Baum

el río
Fluss

la hierba
Gras

la flor
Blume

el valle

Tal

la colina

Berg

el lago

See

el bosque

Wald

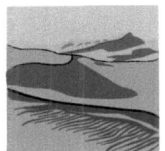

el desierto

Wüste

el volcán

Vulkan

el castillo

Schloss

el arcoíris

Regenbogen

el champiñón

Pilz

la palmera

Palme

el mosquito

Moskito

la mosca

Fliege

la hormiga

Ameise

la abeja

Biene

la araña

Spinne

el escarabajo

Käfer

la rana

Frosch

la ardilla

Eichhörnchen

el erizo

Igel

la liebre

Hase

la lechuza

Eule

el pájaro

Vogel

el cisne

Schwan

el jabalí

Wildschwein

el ciervo

Hirsch

el alce

Elch

la presa

Staudamm

la turbina eólica

Windrad

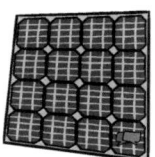

el panel solar

Solarmodul

el clima

Klima

el restaurante

Restaurant

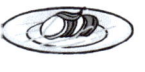

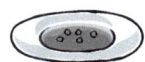

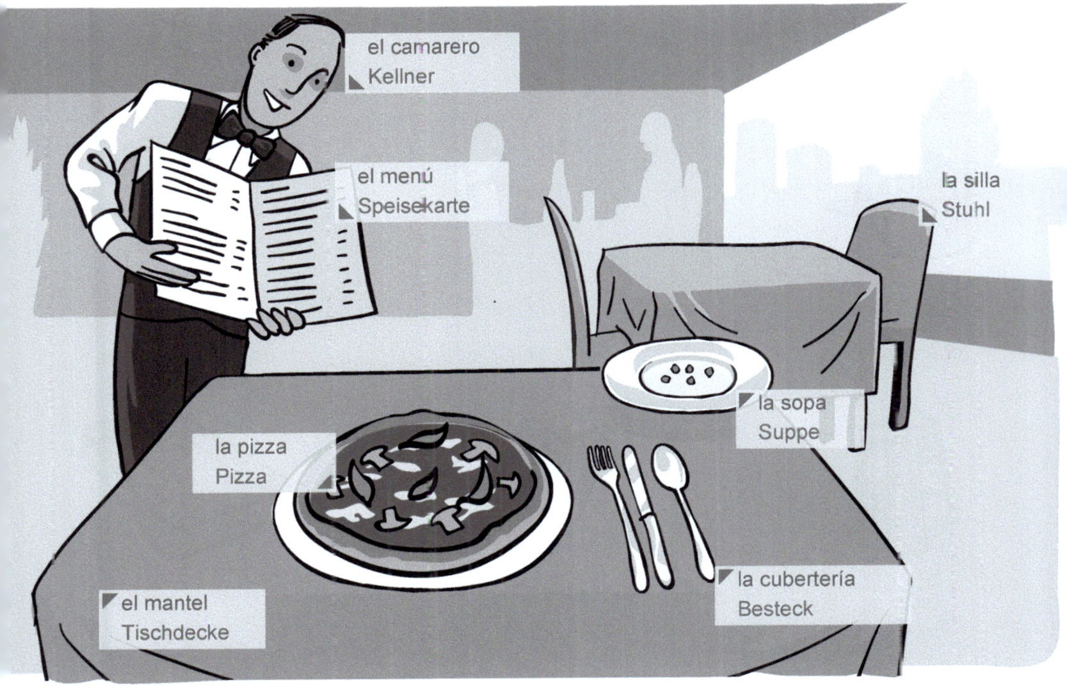
el camarero
Kellner
el menú
Speisekarte
la silla
Stuhl
la sopa
Suppe
la pizza
Pizza
la cubertería
Besteck
el mantel
Tischdecke

el primer plato

Vorspeise

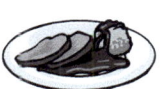

el plato principal

Hauptgericht

el postre

Nachspeise

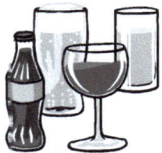

las bebidas

Getränke

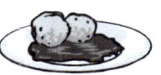

la comida

Essen

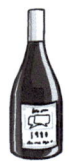

la botella

Flasche

la comida rápida

Fastfood

la comida callejera

Streetfood

la tetera

Teekanne

el azucarero

Zuckerdose

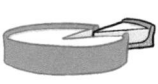

la porción

Portion

la cafetera expreso

Espressomaschine

la trona

Hochstuhl

la cuenta

Rechnung

la bandeja

Tablett

el cuchillo

Messer

el tenedor

Gabel

la cuchara

Löffel

la cucharilla

Teelöffel

la servilleta

Serviette

el vaso

Glas

el plato

Teller

el plato hondo

Suppenteller

el platillo

Untertasse

la salsa

Sauce

el salero

Salzstreuer

el molinillo de pimienta

Pfeffermühle

el vinagre

Essig

el aceite

Öl

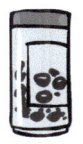

las especias

Gewürze

el ketchup

Ketchup

la mostaza

Senf

la mayonesa

Mayonnaise

el supermercado
Supermarkt

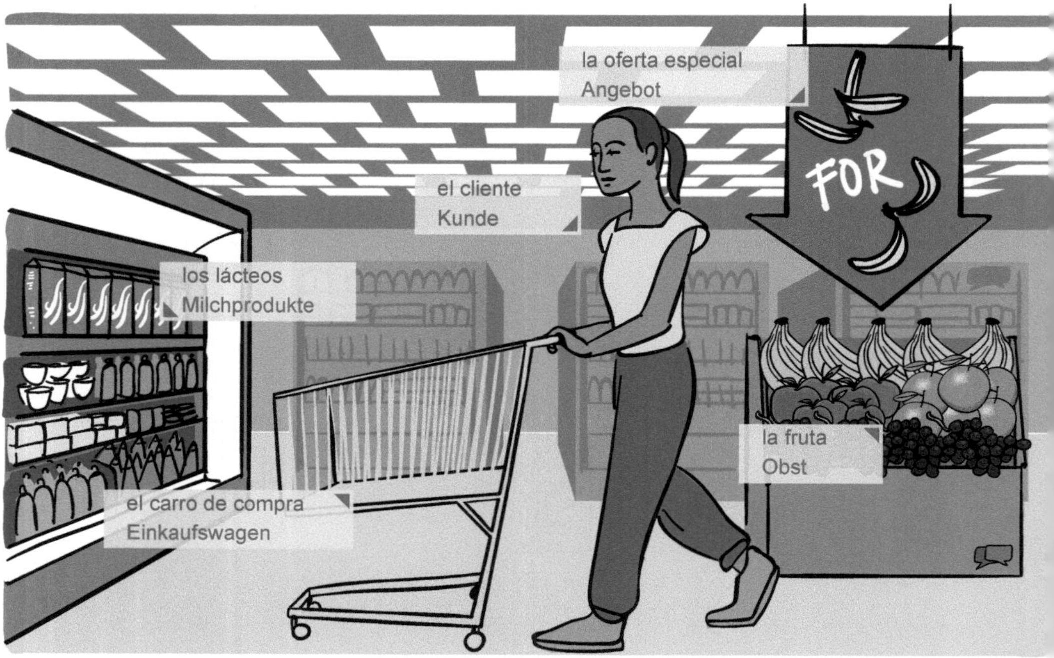

la oferta especial
Angebot
FOR
el cliente
Kunde
los lácteos
Milchprodukte
la fruta
Obst
el carro de compra
Einkaufswagen

BUTCHERS

la carniceria

Schlachterei

BAKERY

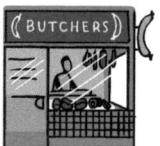

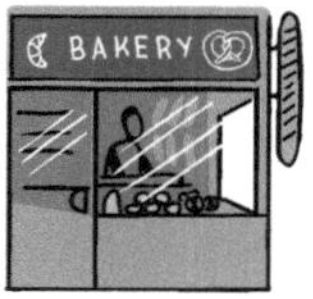

la panadería

Bäckerei

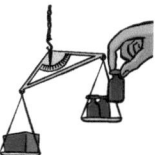

pesar

wiegen

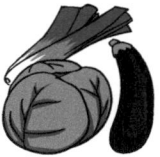

las verduras

Gemüse

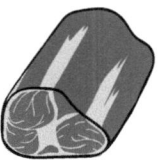

la carne

Fleisch

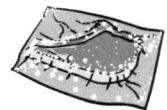

los alimentos congelados

Tiefkühlkost

los fiambres
Aufschnitt

las conservas
Konserven

el detergente en polvo
Waschmittel

los dulces
Süßigkeiten

productos de uso doméstico
Haushaltsartikel

productos de limpieza
Reinigungsmittel

la vendedora
Verkäuferin

la caja de cartón
Kasse

el cajero
Kassierer

la lista de la compra
Einkaufsliste

el horario de atención al
público
Öffnungszeiten

la cartera
Brieftasche

la tarjeta de crédito
Kreditkarte

la bolsa de plástico
Tasche

la bolsa de plástico
Plastiktüte

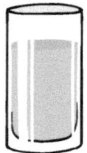 

el agua

Wasser

el zumo

Saft

la leche

Milch

la cola

Cola

el vino

Wein

la cerveza

Bier

el alcohol

Alkohol

el cacao

Kakao

el té

Tee

el café

Kaffee

el expreso

Espresso

el capuchino

Cappuccino

el plátano

Banane

la manzana

Apfel

la naranja

Orange

el melón

Melone

el limón

Zitrone

la zanahoria

Karotte

el ajo

Knoblauch

el bambú

Bambus

la cebolla

Zwiebel

el champiñón

Pilz

las avellanas

Nüsse

los fideos

Nudeln

las espagueti

Spaghetti

el arroz

Reis

la ensalada

Salat

las patatas fritas

Pommes frites

las patatas fritas

Bratkartoffeln

la pizza

Pizza

la hamburguesa

Hamburger

el sándwich

Sandwich

el filete

Schnitzel

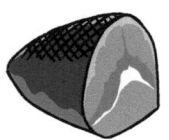

el jamón

Schinken

le salami

Salami

la salchicha

Wurst

el pollo

Huhn

el asado

Braten

el pescado

Fisch

los copos de avena

Haferflocken

el muesli

Müsli

los copos de maíz

Cornflakes

la harina

Mehl

el cruasán

Croissant

el panecillo

Brötchen

el pan

Brot

la tostada

Toast

las galletas

Kekse

la mantequilla

Butter

la cuajada

Quark

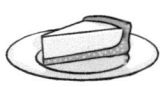

el pastel

Kuchen

el huevo

Ei

el huevo frito

Spiegelei

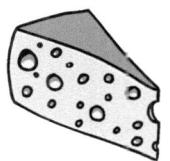

el queso

Käse

la comida - Essen

el helado

Eiscreme

el azúcar

Zucker

la miel

Honig

la mermelada

Marmelade

la crema de turrón

Nougat-Creme

el curry

Curry

la granja
Bauernhof

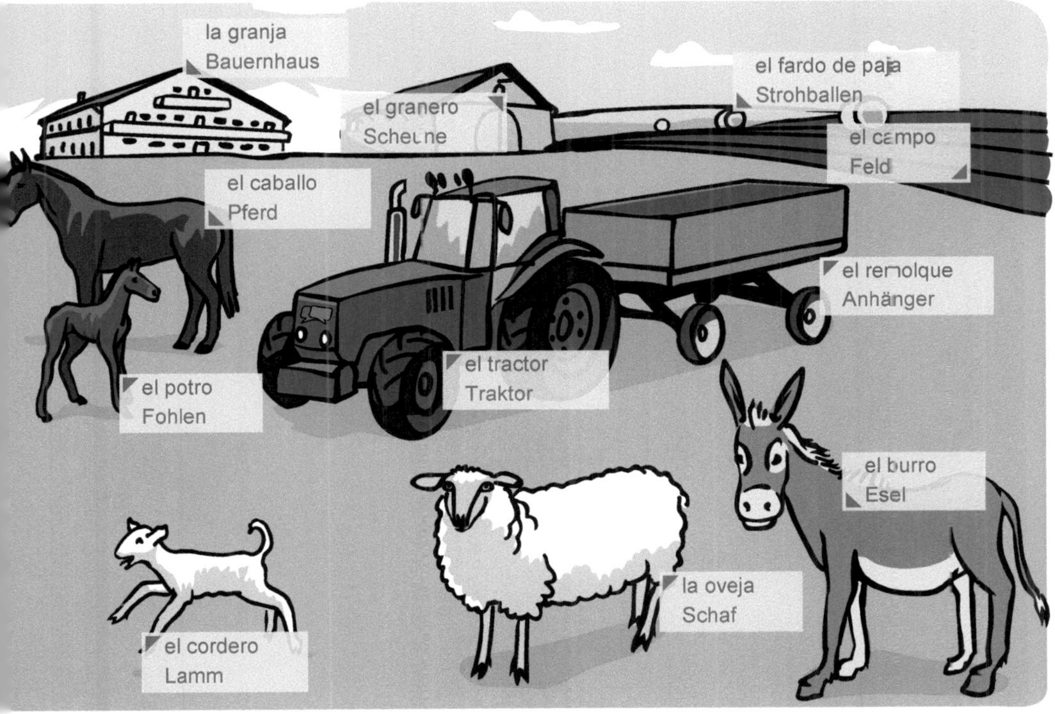
la granja
Bauernhaus
el granero
Scheune
el fardo de paja
Strohballen
el campo
Feld
el caballo
Pferd
el remolque
Anhänger
el tractor
Traktor
el potro
Fohlen
el burro
Esel
la oveja
Schaf
el cordero
Lamm

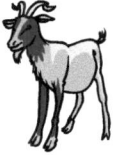

la cabra

Ziege

la vaca

Kuh

el ternero

Kalb

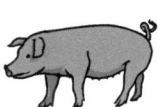

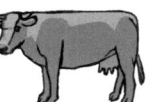

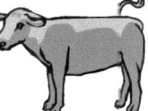

el cerdo

Schwein

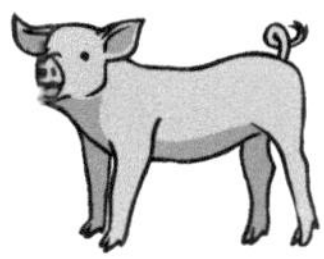

el cerdito

Ferkel

el toro

Bulle

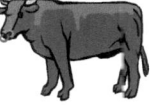

el ganso

Gans

el pato

Ente

el pollo

Küken

la gallina

Huhn

el gallo

Hahn

la rata

Ratte

el gato

Katze

el ratón

Maus

el buey

Ochse

el perro

Hund

la perrera

Hundehütte

la manguera

Gartenschlauch

la regadera

Gießkanne

la guadaña

Sense

el arado

Pflug

la hoz

Sichel

la azada

Hacke

la horca

Mistgabel

el hacha

Axt

la carretilla

Schubkarre

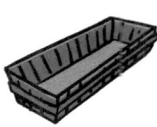

el abrevadero

Trog

la lechera

Milchkanne

el saco

Sack

la valla

Zaun

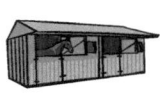

el establo

Stall

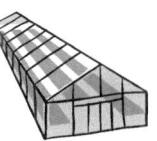

el invernadero

Treibhaus

el suelc

Boden

la semilla

Saat

el fertilizador

Dünger

la cosechadora

Mähdrescher

cosechar

ernten

la cosecha

Ernte

el ñame

Yamswurzel

el trigo

Weizen

el soja

Soja

la patata

Kartoffel

el maíz

Mais

la semilla de colza

Raps

el árbol frutal

Obstbaum

la mandioca

Maniok

las cereales

Getreide

la casa
Haus

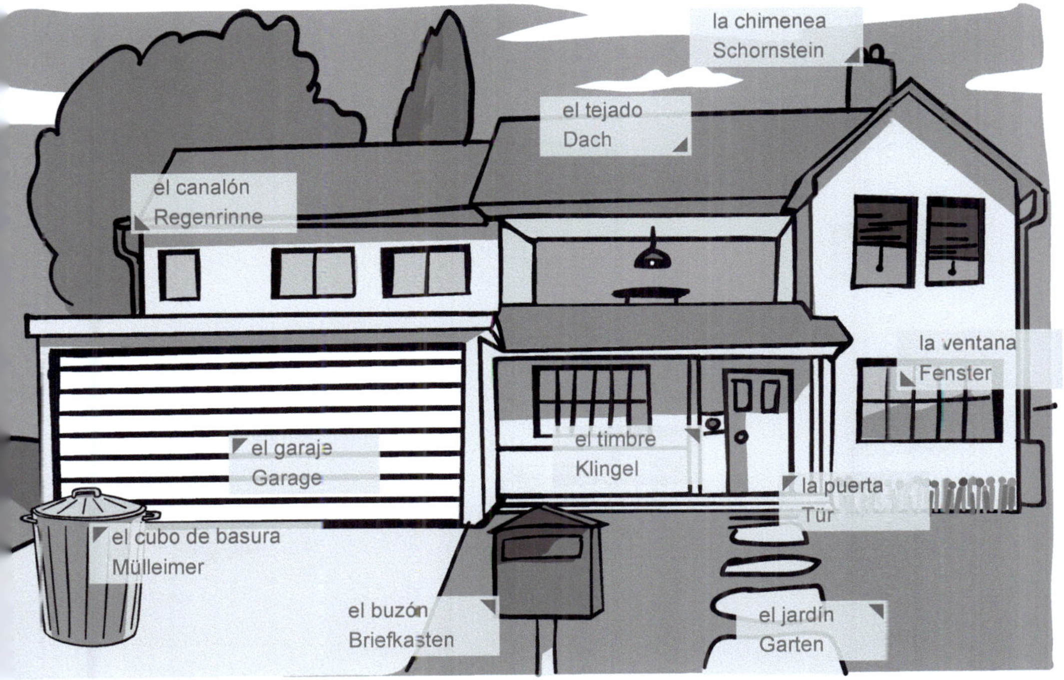

la chimenea
Schornstein
el tejado
Dach
el canalón
Regenrinne
la ventana
Fenster
el garaje
Garage
el timbre
Klingel
la puerta
Tür
el cubo de basura
Mülleimer
el buzón
Briefkasten
el jardín
Garten

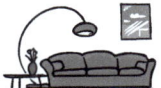

la sala

Wohnzimmer

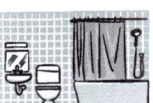

el cuarto de baño

Badezimmer

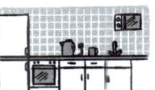

la cocina

Küche

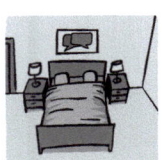

el dormitorio

Schlafzimmer

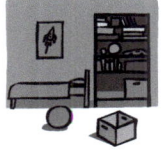

la habitación de los niños

Kinderzimmer

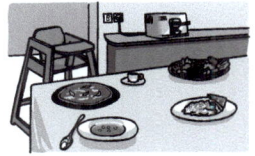

el comedor

Esszimmer

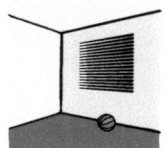

el suelo

Boden

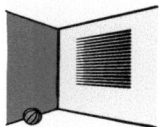

la pared

Wand

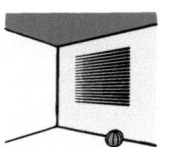

el techo

Decke

el sótano

Keller

la sauna

Sauna

el balcón

Balkon

la terraza

Terrasse

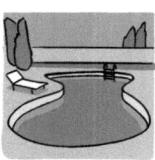

la piscina

Schwimmbad

el cortacésped

Rasenmäher

la sábana

Bettbezug

la colcha

Bettdecke

la cama

Bett

la escoba

Besen

el balde

Eimer

el interruptor

Schalter

la sala
Wohnzimmer

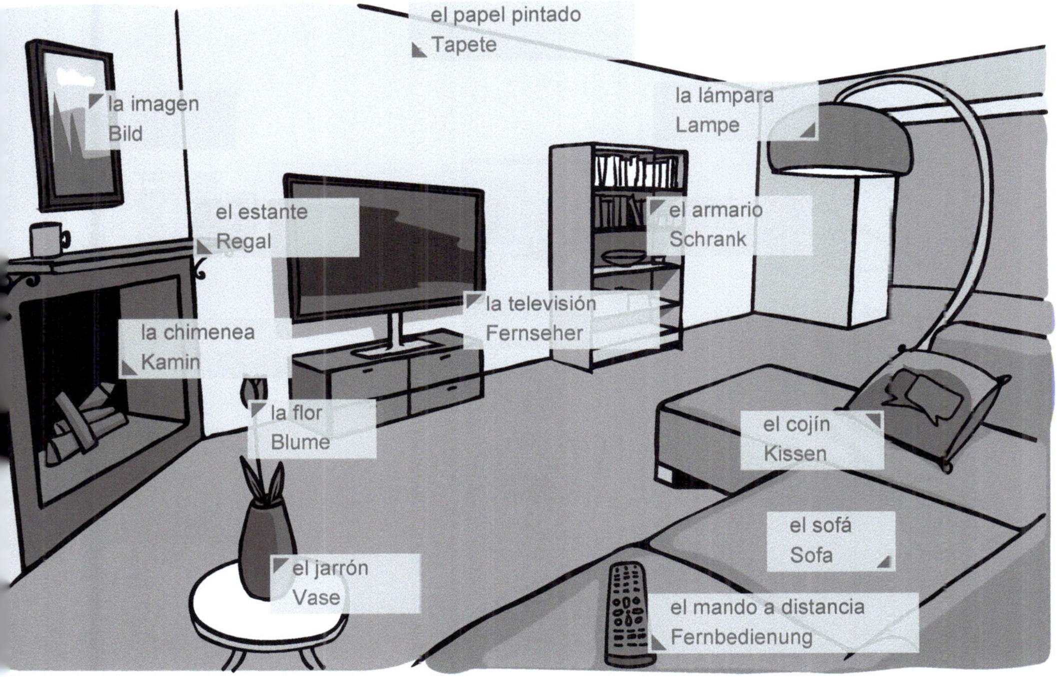

el papel pintado
Tapete
la imagen
Bild
la lámpara
Lampe
el estante
Regal
el armario
Schrank
la televisión
Fernseher
la chimenea
Kamin
la flor
Blume
el cojín
Kissen
el sofá
Sofa
el jarrón
Vase
el mando a distancia
Fernbedienung

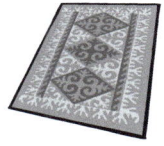

la alfombra
Teppich

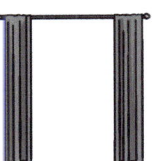

la cortina
Vorhang

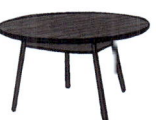

la mesa
Tisch

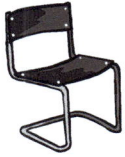

la silla
Stuhl

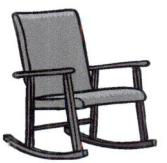

el mecedora
Schaukelstuhl

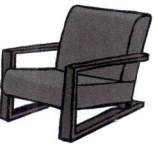

la butaca
Sessel

el libro
Buch

la manta
Decke

la decoración
Dekoration

la leña
Feuerholz

la película
Film

el equipo de música
Stereoanlage

la llave
Schlüssel

el periódico
Zeitung

la pintura
Gemälde

el póster
Poster

la radio
Radio

el cuaderno
Notizblock

la aspiradora
Staubsauger

el cactus
Kaktus

la vela
Kerze

la cocina
Küche

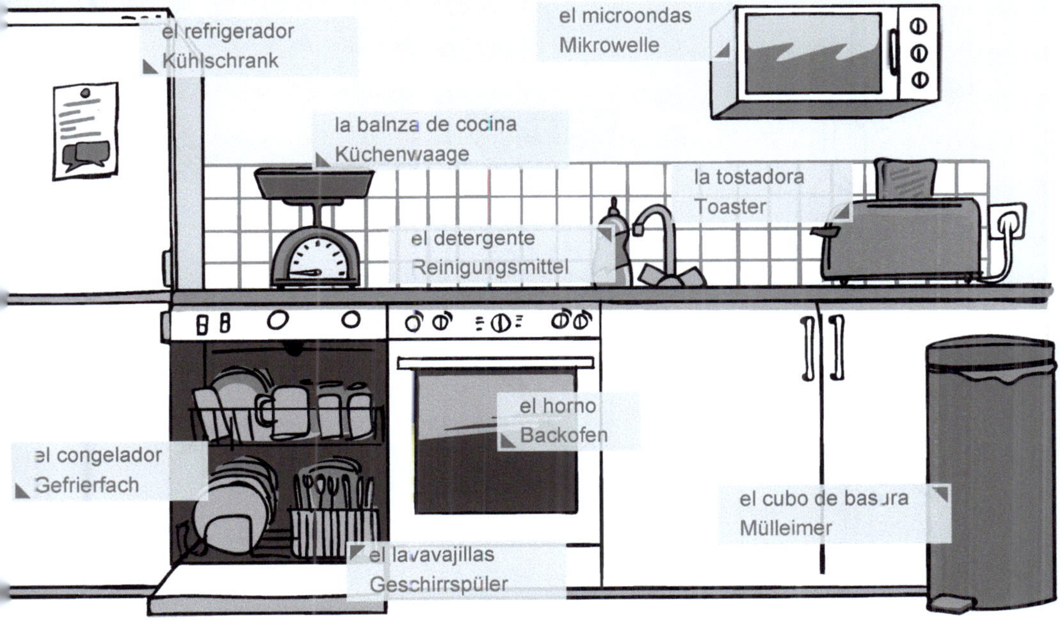
el refrigerador
Kühlschrank
el microondas
Mikrowelle
la balnza de cocina
Küchenwaage
la tostadora
Toaster
el detergente
Reinigungsmittel
el horno
Backofen
el congelador
Gefrierfach
el cubo de basura
Mülleimer
el lavavajillas
Geschirrspüler

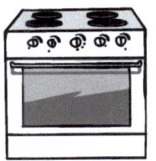

la olla a presión

Herd

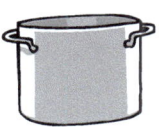

la olla

Topf

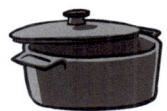

la olla de hierro fundido

Eisentopf

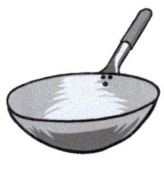

el wok

Wok / Kadai

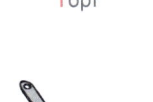

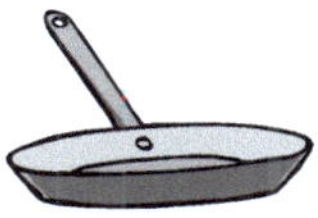

la cazuela

Pfanne

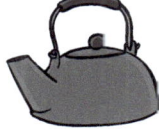

el hervidor

Wasserkocher

la vaporera

Dampfgarer

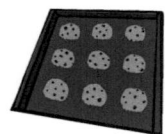

la chapa de horno

Backblech

la vajilla

Geschirr

la taza

Becher

el tazón

Schale

los palillos

Essstäbchen

el cucharón

Suppenkelle

la espumadera

Pfannenwender

el batidor

Schneebesen

el colador

Kochsieb

el cedazo

Sieb

el ralladór

Reibe

el mortero

Mörser

la barbacoa

Grill

la hoguera

Feuerstelle

la tabla de picar

Schneidebrett

el rodillo

Nudelholz

el sacacorchos

Korkenzieher

la lata

Dose

el abrelatas

Dosenöffner

el agarrador

Topflappen

el lavabo

Waschbecken

el cepillo

Bürste

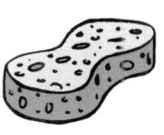

la esponja

Schwamm

la batidora

Mixer

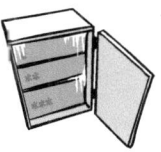

el congelador

Gefriertruhe

el biberón

Babyflasche

el grifo

Wasserhahn

el cuarto de baño
Badezimmer

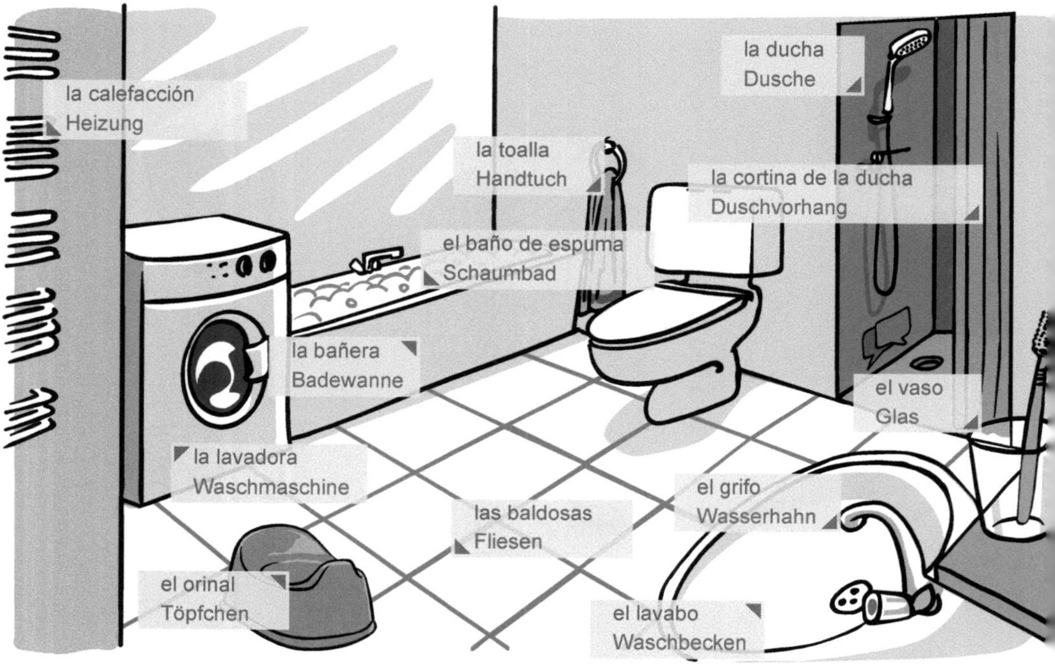
la ducha
Dusche
la calefacción
Heizung
la toalla
Handtuch
la cortina de la ducha
Duschvorhang
el baño de espuma
Schaumbad
la bañera
Badewanne
el vaso
Glas
la lavadora
Waschmaschine
el grifo
Wasserhahn
las baldosas
Fliesen
el orinal
Töpfchen
el lavabo
Waschbecken

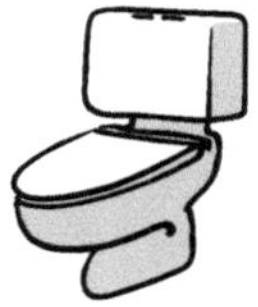

el inodoro

Toilette

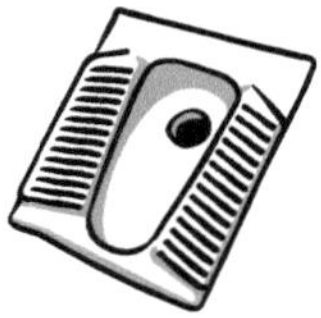

el inodoro rústico

Hocktoilette

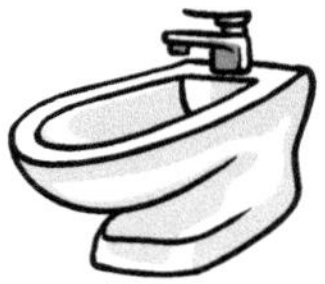

el bidé

Bidet

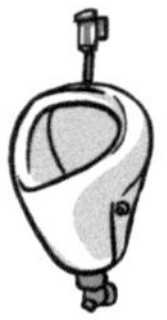

el urinario

Pissoir

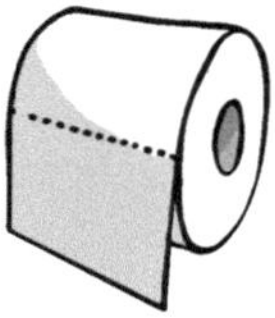

el papel higiénico

Toilettenpapier

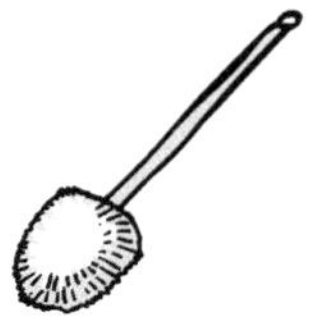

la escobilla del váter

Toilettenbürste

el cepillo de dientes

Zahnbürste

la pasta de dientes

Zahnpasta

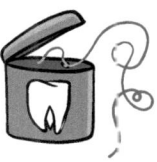

el hilo dental

Zahnseide

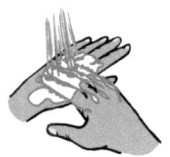

lavar

waschen

la ducha de mano

Handbrause

la ducha íntima

Intimdusche

la pila

Waschschüssel

el cepillo de espalda

Rückenbürste

el jabón

Seife

el gel de ducha

Duschgel

el champú

Shampoo

la toallita

Waschlappen

el desagüe

Abfluss

la crema

Creme

el desodorante

Deodorant

el espejo

Spiegel

el espejo de tocador

Kosmetikspiegel

la maquinilla de afeitar

Rasierer

la espuma de afeitar

Rasierschaum

la loción postafeitado

Rasierwasser

el peine

Kamm

el cepillo

Bürste

el secador

Föhn

la laca

Haarspray

el maquillaje

Makeup

el pintalabios

Lippenstift

el pintauñas

Nagellack

el algodón

Watte

el cortauñas

Nagelschere

el perfume

Parfum

el estuche de viaje

Kulturbeutel

la banqueta

Hocker

la balanza

Waage

el albornoz

Bademantel

los guantes de goma

Gummihandschuhe

el tampón

Tampon

la compresa

Damenbinde

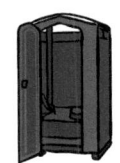

el inodoro químico

Chemietoilette

la habitación de los niños
Kinderzimmer

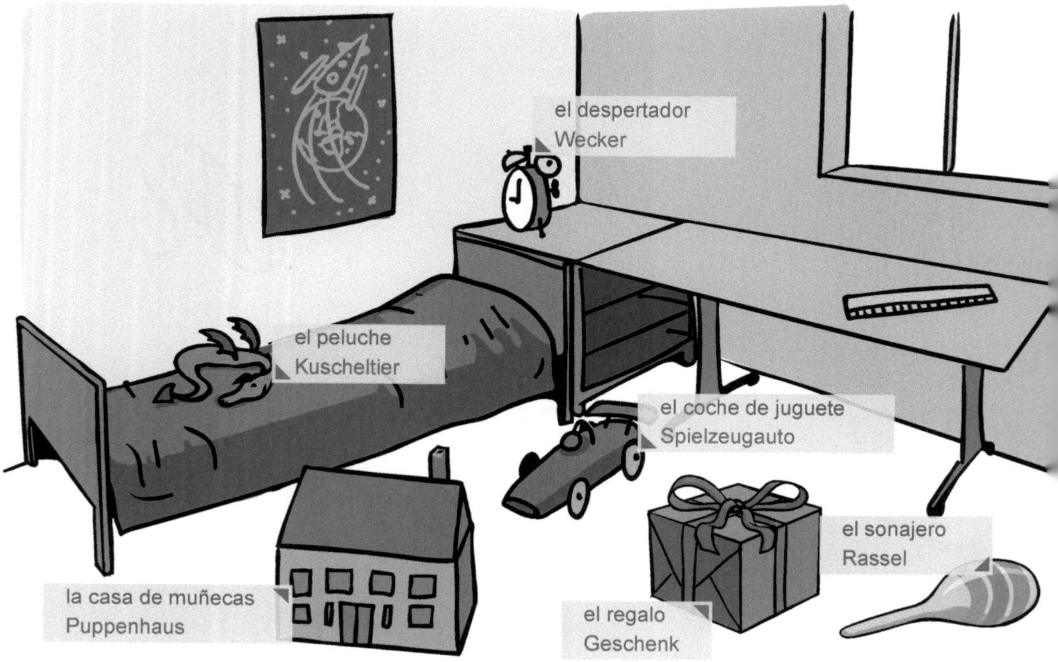
el despertador
Wecker
el peluche
Kuscheltier
el coche de juguete
Spielzeugauto
el sonajero
Rassel
la casa de muñecas
Puppenhaus
el regalo
Geschenk

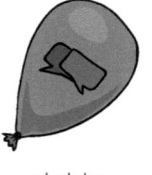

el globo

Ballon

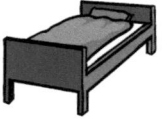

la cama

Bett

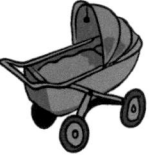

el coche de niño

Kinderwagen

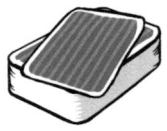

los naipes

Kartenspiel

el puzle

Puzzle

SUPER
MEGA

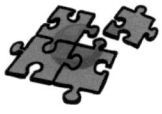

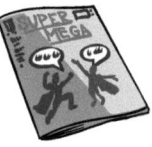

el tebeo

Comic

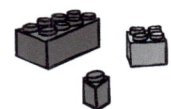

las piezas de lego

Legosteine

los bloques de juguete

Bausteine

la figura de acción

Action Figur

el bodi (de bebé)

Strampelanzug

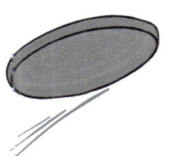

el frisbee

Frisbee

el colgador móvil para bebés

Mobile

el juego de mesa

Brettspiel

los dados

Würfel

el circuito de tren eléctrico

Modelleisenbahn

el maniquí

Schnuller

la fiesta

Party

el álbum de fotos

Bilderbuch

la pelota

Ball

la muñeca

Puppe

jugar

spielen

el cajón de arena

Sandkasten

el columpio

Schaukel

los juguetes

Spielzeug

la videoconsola

Spielkonsole

el triciclo

Dreirad

el oso de peluche

Teddy

la guardarropa

Kleiderschrank

la ropa
Kleidung

los calcetines

Socken

las medias

Strümpfe

los leotardos

Strumpfhose

la bufanda
Schal

el paraguas
Regenschirm

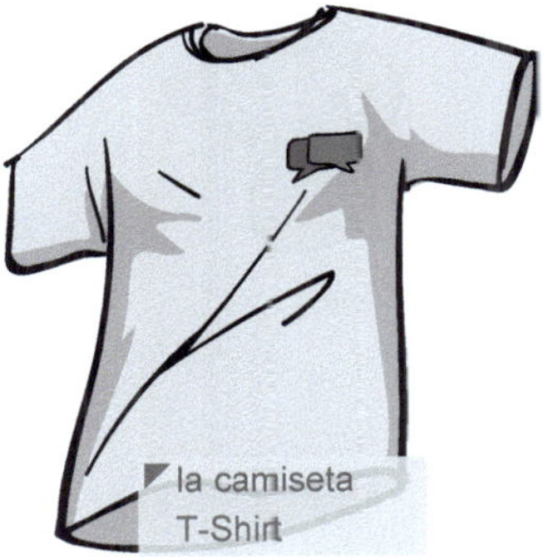

la camiseta
T-Shirt

el cinturón
Gürtel

las botas
Stiefel

las zapatillas
Hausschuhe

las deportivas
Turnschuhe

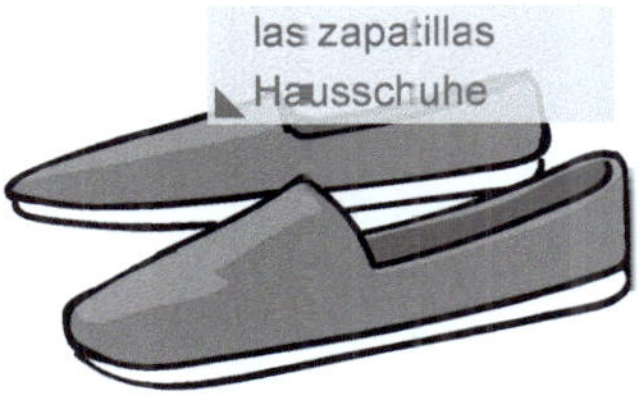

las sandalias
Sandalen

los zapatos
Schuhe

las botas de goma
Gummistiefel

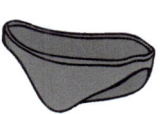

el slip
Unterhose

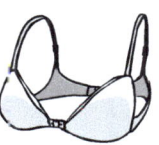

el sostén
Büstenhalter

el chaleco
Unterhemd

el bodi

Body

los pantalones cortos

Hose

los vaqueros

Jeans

la falda

Rock

la blusa

Bluse

la camisa

Hemd

el jersey

Pullover

el suéter

Kapuzenpullover

el blazer

Blazer

la chaqueta

Jacke

el abrigo

Mantel

la gabardina

Regenmantel

el traje

Kostüm

el vestido

Kleid

el vestido de novia

Hochzeitskleid

el traje

Anzug

el camisón

Nachthemd

el pijama

Schlafanzug

el sati

Sari

el bandana

Kopftuch

el turbante

Turban

la burka

Burka

el caftán

Kaftan

la abaya

Abaya

el traje de baño

Badeanzug

el bañador

Badehose

los pantalones cortos

Kurze Hose

el chándal

Trainingsanzug

el delantal

Schürze

los guantes

Handschuhe

el botón

Knopf

las gafas

Brille

el brazalete

Armband

el collar

Halskette

el anillo

Ring

el pendiente

Ohrring

la gorra

Mütze

la percha

Kleiderbügel

el sombrero

Hut

la corbata

Krawatte

la cremallera

Reißverschluss

el casco

Helm

los tirantes

Hosenträger

el uniforme

Schuluniform

el uniforme

Uniform

el babero

Lätzchen

el maniquí

Schnuller

el pañal

Windel

la oficina
Büro

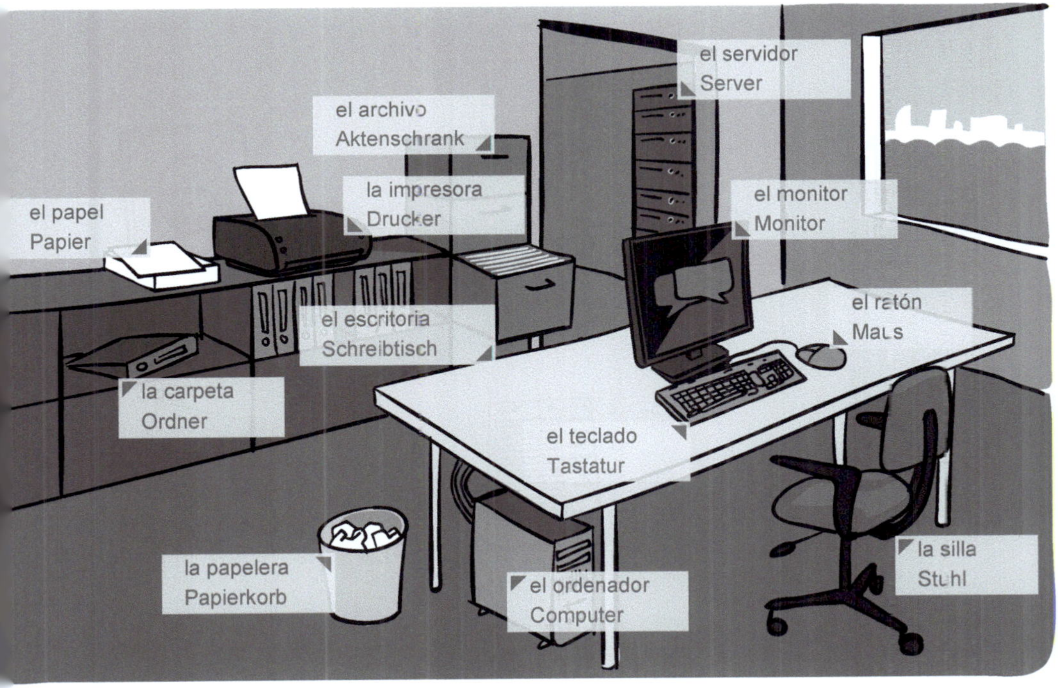

el servidor
Server

el archivo
Aktenschrank

la impresora
Drucker

el monitor
Monitor

el papel
Papier

el escritoria
Schreibtisch

el ratón
Maus

la carpeta
Ordner

el teclado
Tastatur

la papelera
Papierkorb

la silla
Stuhl

el ordenador
Computer

la taza de café

Kaffeebecher

la calculadora

Taschenrechner

el internet

Internet

el portátil

Laptop

la carta

Brief

el mensaje

Nachricht

el móvil

Handy

la red

Netzwerk

la fotocopiadora

Kopierer

el software

Software

el teléfono

Telefon

la toma de corriente

Steckdose

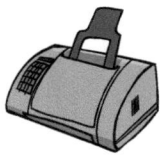

el fax

Fax

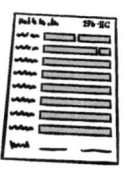

el formulario

Formular

el documento

Dokument

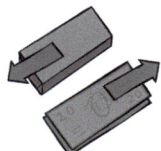

comprar

kaufen

pagar

bezahlen

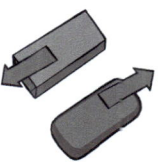

comerciar

handeln

el dinero

Geld

 USD

el dólar

Dollar

 EUR

el euro

Euro

 JPY

el yen

Yen

 RUB

el rublo

Rubel

 CHF

el franco suizo

Franken

 CNY

el renminbi yuan

Renminbi Yuan

 INR

la rupia

Rupie

el cajero automatico

Geldautoma:

la oficina de cambio de divisas

Wechselstube

el oro

Gold

la plata

Silber

el petróleo

Öl

la energía

Energie

el precio

Preis

el contrato

Vertrag

el impuesto

Steuer

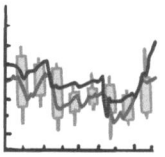

la acción

Aktie

trabajar

arbeiten

el empleador

Angestellter

el empleador

Arbeitgeber

la fábrica

Fabrik

la tienda de campaña

Geschäft

los oficios
Berufe

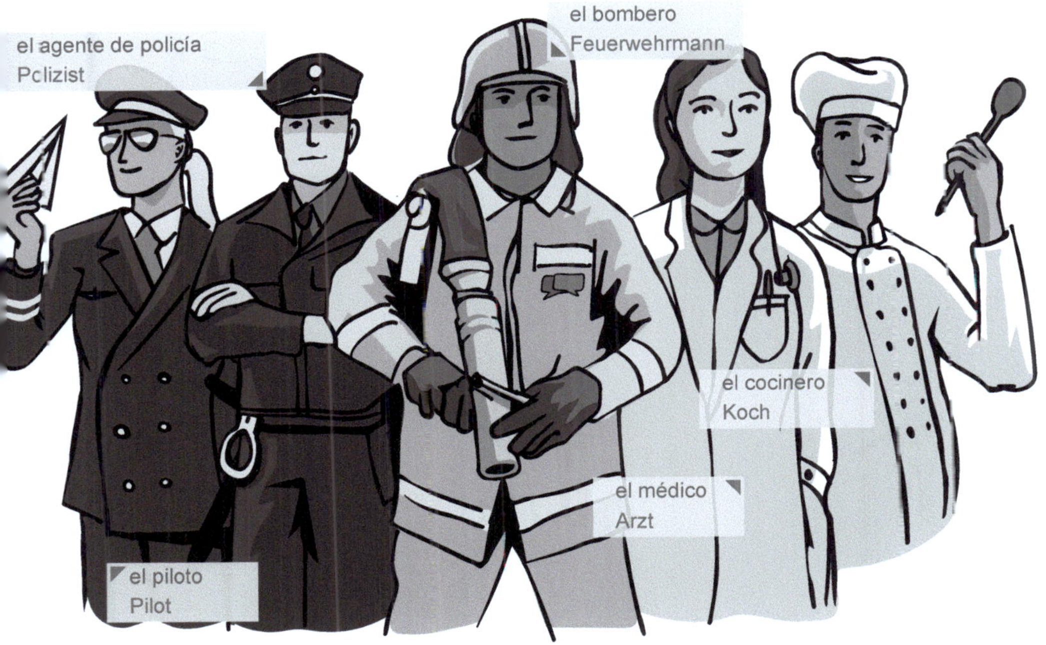
el agente de policía
Pclizist
el bombero
Feuerwehrmann
el cocinero
Koch
el médico
Arzt
el piloto
Pilot

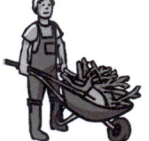

el jardinero

Gärtner

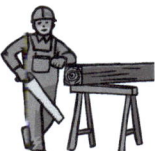

el carpintero

Tischler

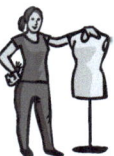

la costurera

Näherin

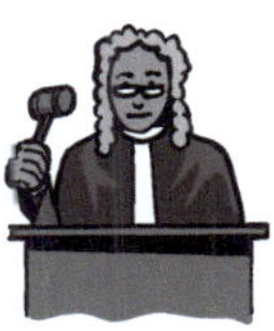

el juez

Richter

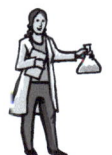

el farmacéutico

Chemiker

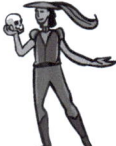

el actor

Schauspieler

el conductor de autobús

Busfahrer

el taxista

Taxifahrer

el pescador

Fischer

la señora de la limpieza

Putzfrau

el techador

Dachdecker

el camarero

Kellner

el cazador

Jäger

el pintor

Maler

el panadero

Bäcker

el electricista

Elektriker

el obrero

Bauarbeiter

el ingeniero

Ingenieur

el carnicero

Schlachter

el fontanero

Klempner

el cartero

Postbote

el soldado

Soldat

el arquitecto

Architekt

el cajero

Kassierer

el florista

Florist

el peluquero

Friseur

el revisor

Schaffner

el mecánico

Mechaniker

el capitán

Kapitän

el dentista

Zahnarzt

el científico

Wissenschaftler

el rabino

Rabbi

el imán

Imam

el monje

Mönch

el sacerdote

Geistlicher

las herramientas
Werkzeuge

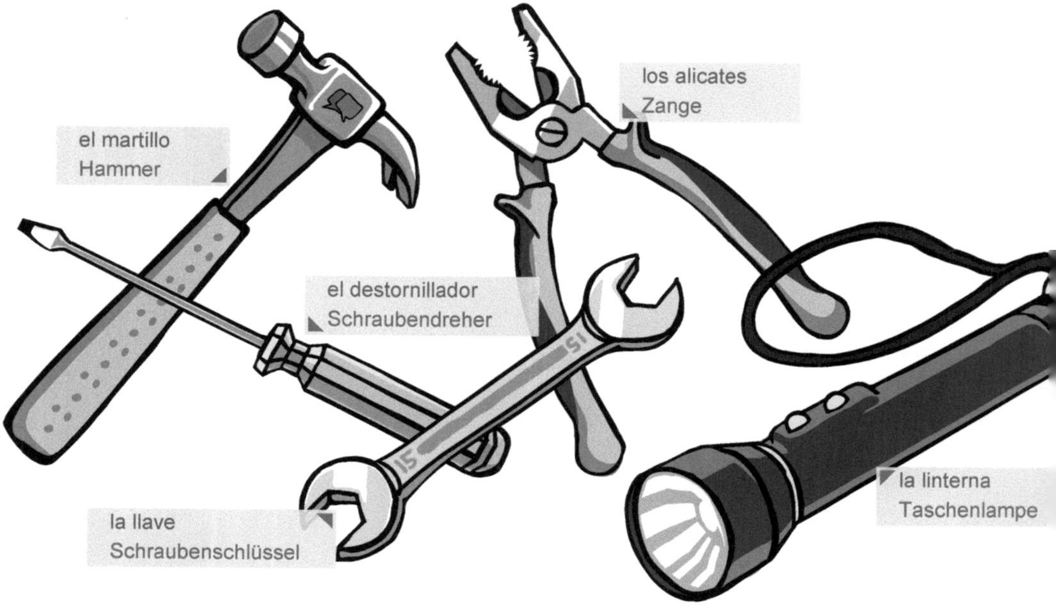

los alicates
Zange
el martillo
Hammer
el destornillador
Schraubendreher
la linterna
Taschenlampe
la llave
Schraubenschlüssel

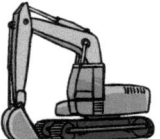

la excavadora

Bagger

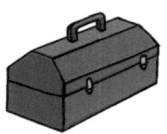

la caja de herramientas

Werkzeugkasten

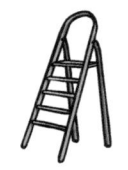

la escalera de mano

Leiter

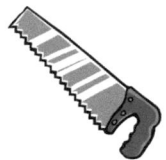

la sierra

Säge

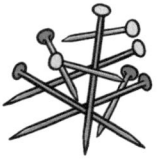

los clavos

Nägel

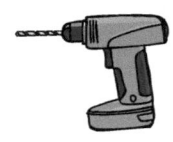

el taladro

Bohrer

reparar
reparieren

la pala
Schaufel

¡Maldita sea!
Mist!

el recogedor
Kehrblech

el bote de pintura
Farbtopf

los tornillos
Schrauben

los instrumentos musicales
Musikinstrumente

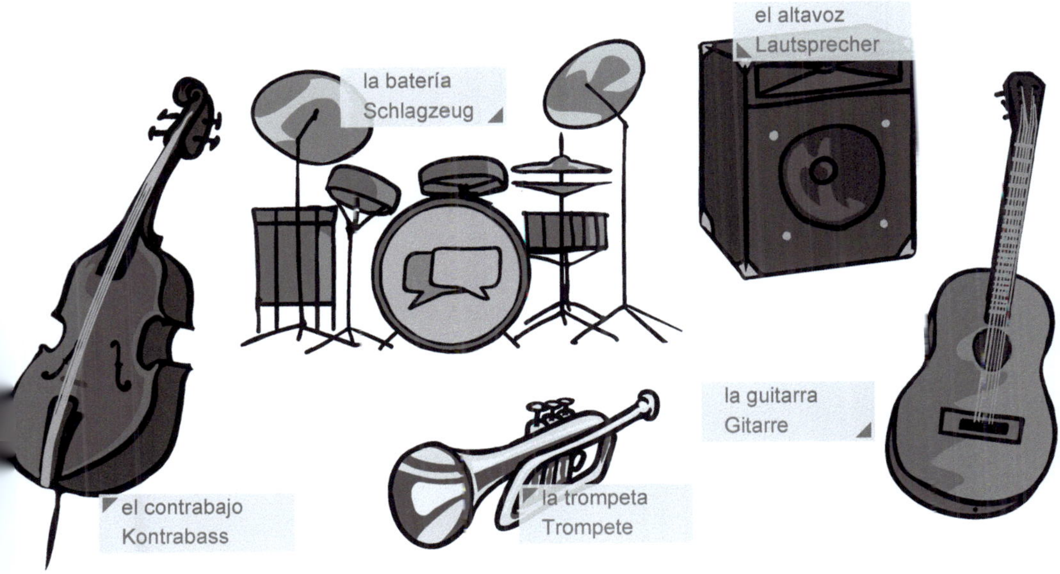

el altavoz
Lautsprecher

la batería
Schlagzeug

la guitarra
Gitarre

el contrabajo
Kontrabass

la trompeta
Trompete

el piano

Klavier

el violín

Violine

bajo

Bass

los timbales

Pauke

el tambor

Trommeln

el teclado

Keyboard

el saxofón

Saxophon

la flauta

Flöte

el micrófono

Mikrofon

el zoo
Zoo

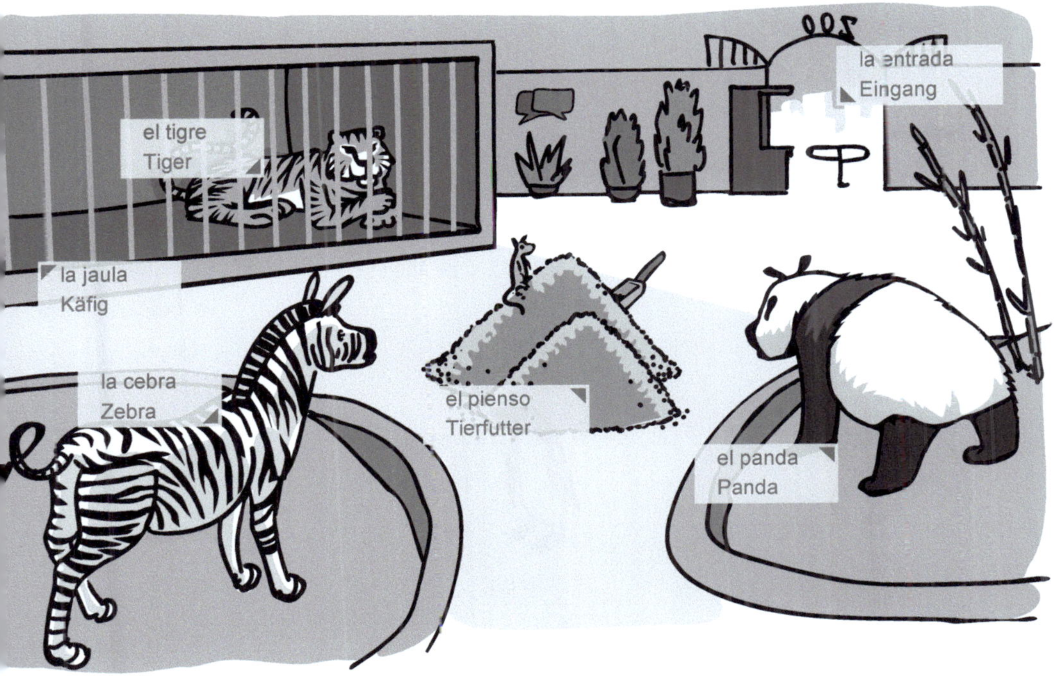
la entrada
Eingang
el tigre
Tiger
la jaula
Käfig
la cebra
Zebra
el pienso
Tierfutter
el panda
Panda

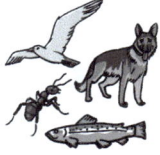

los animales

Tiere

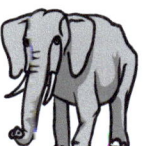

el elefante

Elefant

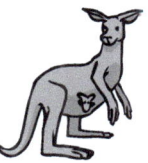

el canguro

Känguru

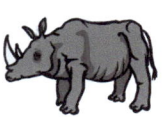

el rinoceronte

Nashorn

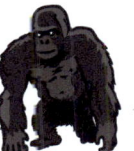

el gorila

Gorilla

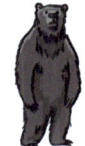

el oso

Bär

el camello

Kamel

el avestruz

Strauß

el león

Löwe

el mono

Affe

el flamingo

Flamingo

el loro

Papagei

el oso polar

Eisbär

el pingüino

Pinguin

el tiburón

Hai

el pavo real

Pfau

la serpiente

Schlange

el cocodrilo

Krokodil

el guardián de zoológico

Zoowärter

la foca

Robbe

el jaguar

Jaguar

el poni

Pony

el leopardo

Leopard

el hipopótamo

Nilpferd

la jirafa

Giraffe

el águila

Adler

el jabalí

Wildschwein

el pescado

Fisch

la tortuga

Schildkröte

la morsa

Walross

el zorro

Fuchs

la gacela

Gazelle

el fútbol americano
American Football

el ciclismo
Radfahren

el tenis
Tennis

el baloncesto
Basketball

la natación
Schwimmen

el boxeo
Boxen

el hockey sobre hielo
Eishockey

el fútbol

Fußball

el bádminton

Badminton

el atletismo

Leichtathletik

el balonmano

Handball

el esquí

Skilaufen

el polo

Polo

las actividades
Aktivitäten

reír
lachen
saltar
springen
abrazar
umarmen
caminar
gehen
cantar
singen
soñar
träumen
rezar
beten
besar
küssen

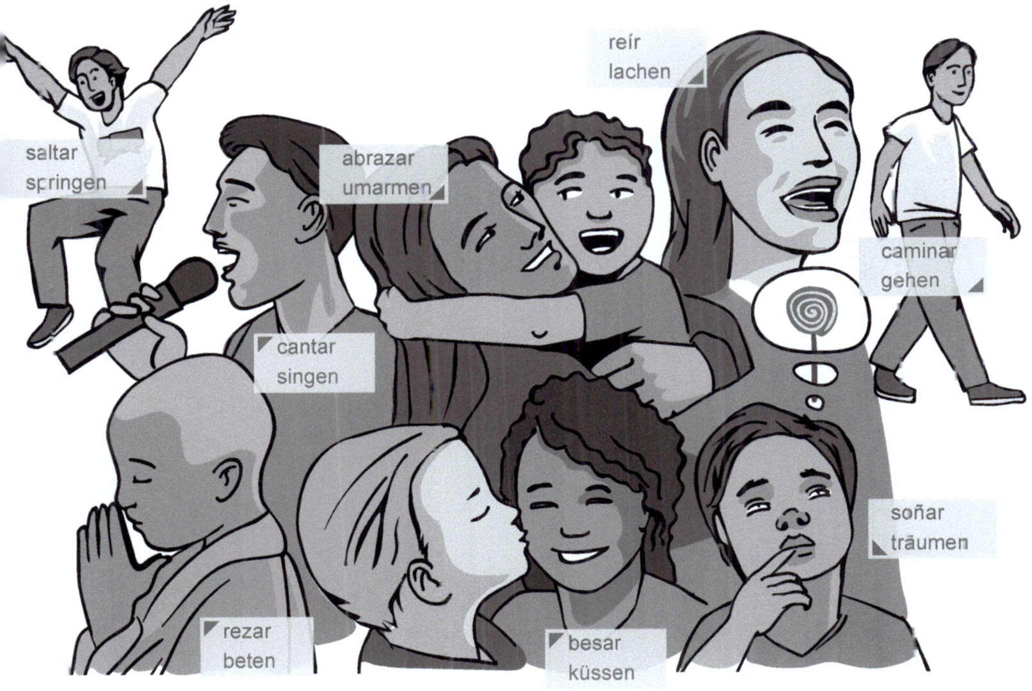

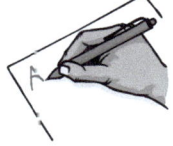

escribir

schreiben

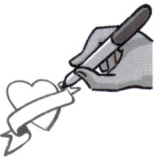

dibujar

zeichnen

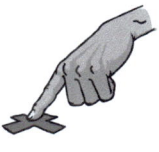

mostrar

zeigen

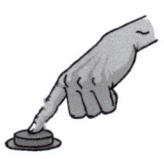

empujar

drücken

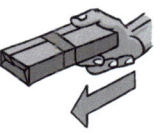

dar

geben

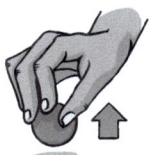

tomar

nehmen

tener
haben

hacer
tun

ser
sein

estar de pie
stehen

correr
laufen

tirar
ziehen

tirar
werfen

caer
fallen

yacer
liegen

esperar
warten

llevar
tragen

estar sentado
sitzen

vestirse
anziehen

dormir
schlafen

despertar
aufwachen

las actividades - Aktivitäten

mirar
ansehen

llorar
weinen

acariciar
streicheln

peinar
kämmen

hablar
reden

entender
verstehen

preguntar
fragen

escuchar
hören

beber
trinken

comer
essen

ordenar
aufräumen

amar
lieben

cocinar
kochen

conducir
fahren

volar
fliegen

las actividades - Aktivitäten

navegar

segeln

calcular

rechnen

leer

lesen

aprender

lernen

trabajar

arbeiten

casarse

heiraten

coser

nähen

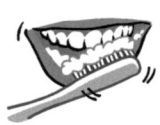

cepillarse los dientes

Zähne putzen

matar

töten

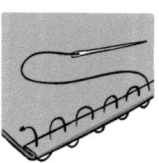

fumar

rauchen

enviar

senden

la abuela
Großmutter

el abuelo
Großvater

el padre
Vater

la madre
Mutter

el bebé
Baby

la hija
Tochter

el hijo
Sohn

el invitado

Gast

la tía

Tante

el tío

Onkel

el hermano

Bruder

la hermana

Schwester

el cuerpo
Körper

la frente
Stirn
el ojo
Auge
el hombro
Schulter
el dedo
Finger
la cara
Gesicht
la barbilla
Kinn
la mano
Hand
la pierna
Bein
el pecho
Brust
el brazo
Arm

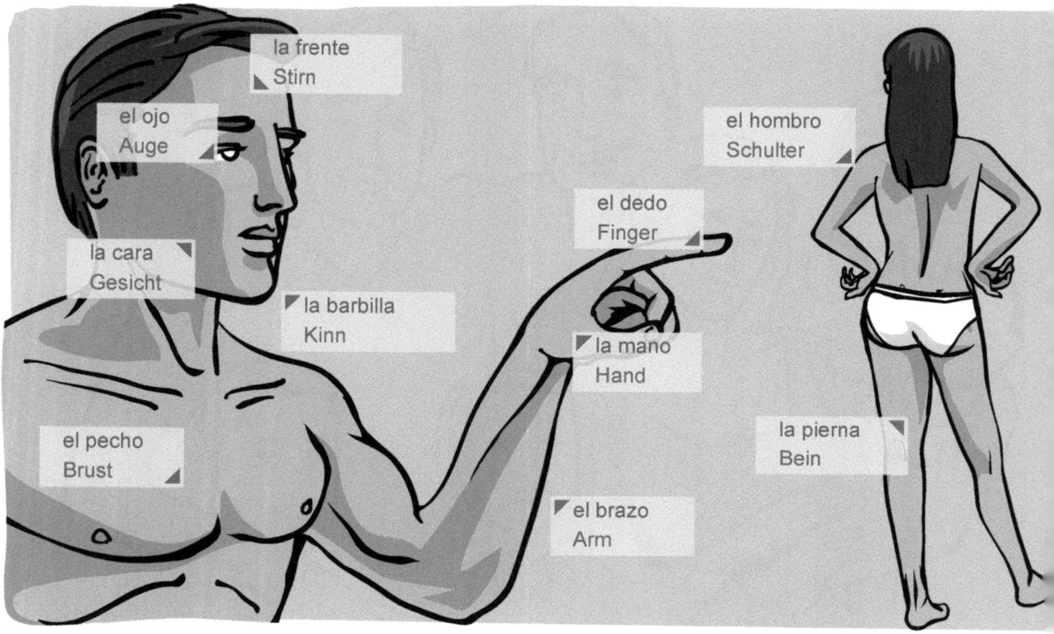

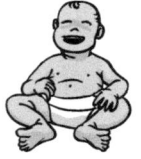

el bebé

Baby

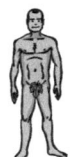

el hombre

Mann

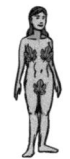

la mujer

Frau

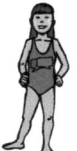

la chica

Mädchen

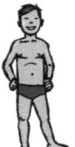

el chico

Junge

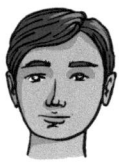

la cabeza

Kopf

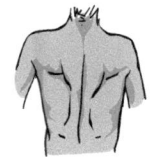

la espalda

Rücken

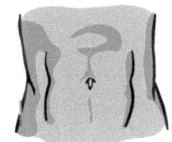

el vientre

Bauch

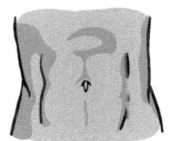

el ombligo

Nabel

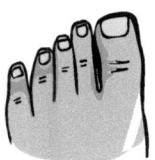

el dedo del pie

Zeh

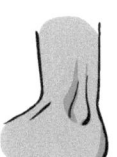

el talón

Ferse

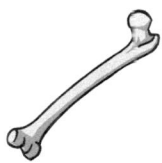

el hueso

Knochen

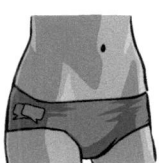

la cadera

Hüfte

la rodilla

Knie

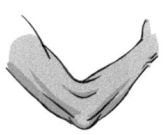

el codo

Ellenbogen

la nariz

Nase

el trasero

Gesäß

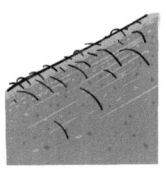

la piel

Haut

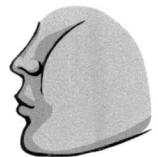

la mejilla

Wange

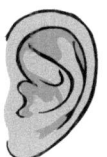

el oído

Ohr

el labio

Lippe

el cuerpo - Körper

la boca

Mund

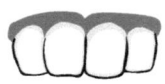

el diente

Zahn

la lengua

Zunge

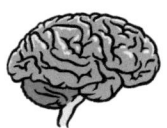

el cerebro

Gehirn

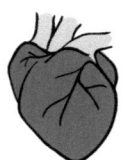

el corazón

Herz

el músculo

Muskel

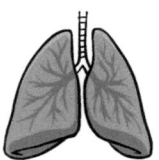

el pulmón

Lunge

el hígado

Leber

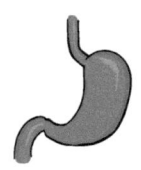

el estómago

Magen

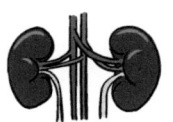

los riñones

Nieren

el sexo

Geschlechtsverkehr

el condón

Kondom

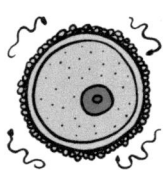

el ovario

Eizelle

el semen

Sperma

el embarazo

Schwangerschaft

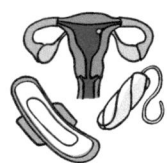

la menstruación

Menstruation

la vagina

Vagina

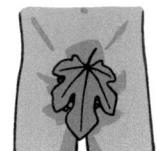

el pene

Penis

la ceja

Augenbraue

el pelo

Haar

el cuello

Hals

el hospital
Krankenhaus

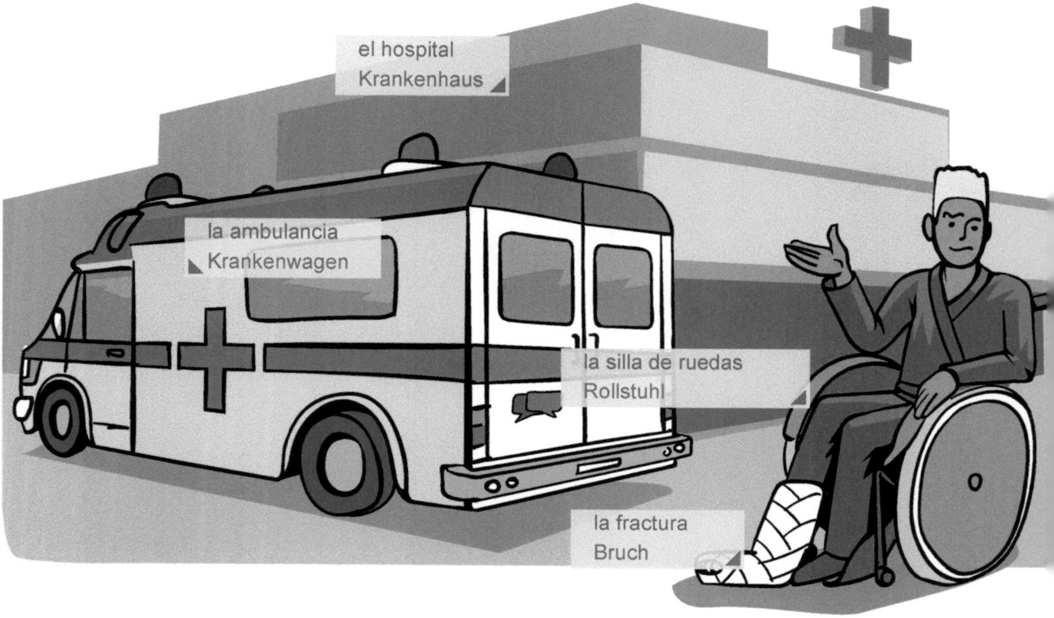

el hospital
Krankenhaus
la ambulancia
Krankenwagen
la silla de ruedas
Rollstuhl
la fractura
Bruch

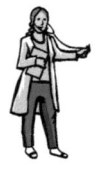

el médico

Arzt

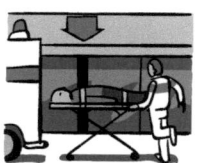

la sala de urgencias

Notaufnahme

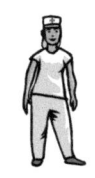

la enfermera

Krankenschwester

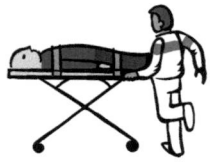

la urgencia

Notfall

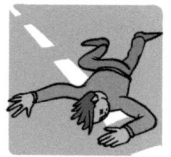

inconsciente

ohnmächtig

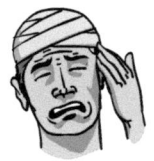

el dolor

Schmerz

la lesión

Verletzung

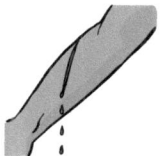

la hemorragia

Blutung

el infarto

Herzinfark⁻

el ictus

Schlaganfall

la alergia

Allergie

la tos

Husten

la fiebre

Fieber

la gripe

Grippe

la diarrea

Durchfall

el dolor de cabeza

Kopfschmerzen

el cáncer

Krebs

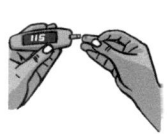

la diabetes

Diabetis

el cirujano

Chirurg

el bisturí

Skalpell

la operación

Operation

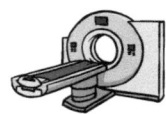

TAC
CT

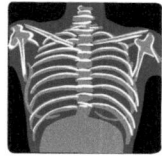

los rayos x
Röntgen

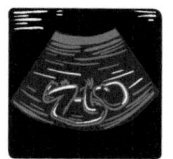

el ultrasonido
Ultraschall

la mascarilla
Maske

la enfermedad
Krankheit

la sala de espera
Wartezimmer

la muleta
Krücke

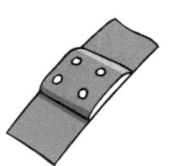

la tirita
Pflaster

la venda
Verband

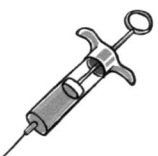

la inyección
Injektion

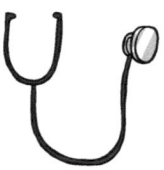

el estetoscopio
Stethoskop

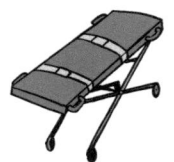

la camilla
Trage

el termómetro
Thermometer

el nacimiento
Geburt

el sobrepeso
Übergewicht

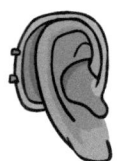

el audífono

Hörgerät

el desinfectante

Desinfektionsmittel

la infección

Infektion

el virus

Virus

VIH / SIDA

HIV / AIDS

la medicina

Medizin

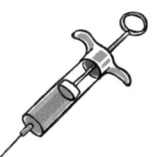

la vacunación

Impfung

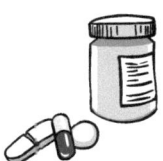

las tabletas

Tabletten

la pastilla

Pille

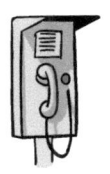

la llamada de urgencia

Notruf

el tensiómetro

Blutdruck-Messgerät

enfermo / sano

krank / gesund

¡Socorro!

Hilfe!

la alarma

Alarm

el asalto

Überfall

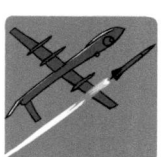

el ataque

Angriff

el peligro

Gefahr

la salida de emergencia

Notausgang

¡Fuego!

Feuer!

el extintor de incendios

Feuerlöscher

el accidente

Unfall

el botiquín de primeros
auxilios

Erste-Hilfe-Koffer

SOS

SOS

la policía

Polizei

Europa

Europa

Norteamérica

Nordamerika

Sudamérica

Südamerika

África

Afrika

Asia

Asien

Australia

Australien

el atlántico

Atlantik

el Pacífico

Pazifik

el Océano Índico

Indischer Ozean

el Océano Antártico

Antarktischer Ozean

el Océano Ártico

Arktischer Ozean

el polo norte

Nordpol

el polo sur

Südpol

La Antártida

Antarktis

la tierra

Erde

la tierra

Land

el mar

Meer

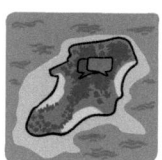

la isla

Insel

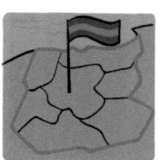

la nación

Nation

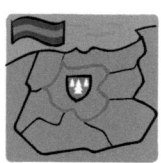

el estado

Staat

la esfera

Zifferblatt

la manecilla de las horas

Stundenzeiger

el minutero

Minutenzeiger

el segundero

Sekundenzeiger

¿Qué hora es?

Wie spät ist es?

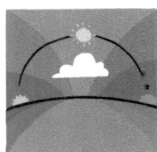

el día

Tag

el tiempo

Zeit

ahora

jetzt

el reloj digital

Digitaluhr

el minuto

Minute

la hora

Stunde

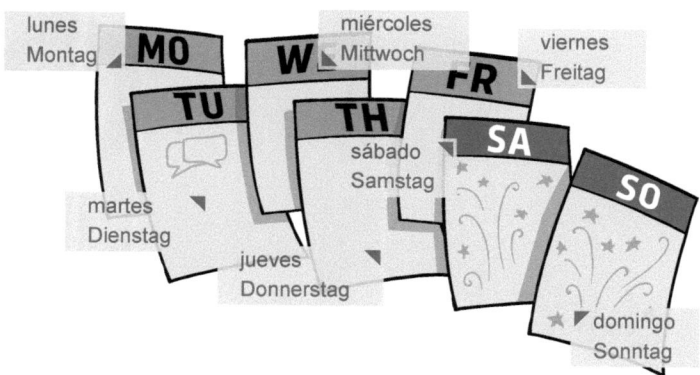

lunes
Montag

miércoles
Mittwoch

viernes
Freitag

martes
Dienstag

sábado
Samstag

jueves
Donnerstag

domingo
Sonntag

ayer

gestern

hoy

heute

mañana

morgen

la mañana

Morgen

el mediodía

Mittag

la tarde

Abend

los días laborables

Arbeitstage

el fin de semana

Wochenende

la lluvia
Regen

el arcoíris
Regenbogen

la nieve
Schnee

el viento
Wind

la primavera
Frühling

el otoño
Herbst

el verano
Sommer

el invierno
Winter

4.APRIL	11°	☀
5.APRIL	4°	🌧
6.APRIL	13°	⛈
7.APRIL	8°	❄
8.APRIL	10°	☀

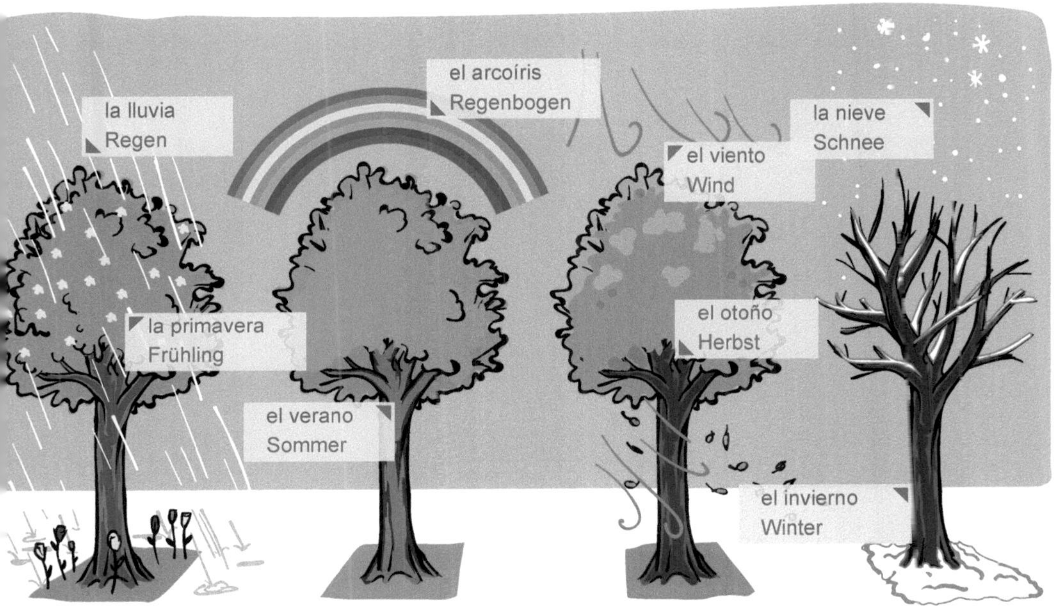

el pronóstico del tiempo

Wettervorhersage

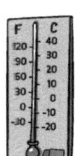

el termómetro

Thermometer

el sol

Sonnenschein

la nube

Wolke

la niebla

Nebel

la humedad

Luftfeuchtigkeit

el rayo

Blitz

el trueno

Donner

la tormenta

Sturm

el granizo

Hagel

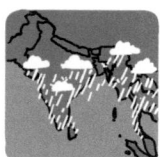

el monzón

Monsun

la inundación

Flut

el hielo

Eis

enero

Januar

febrero

Februar

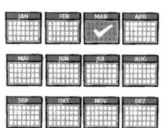

marzo

März

abril

April

mayo

Mai

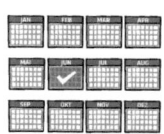

junio

Juni

julio

Juli

agosto

August

septiembre
....
September

octubre
....
Oktober

noviembre
....
November

diciembre
....
Dezember

las formas
Formen

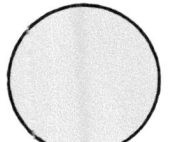

el círculo
....
Kreis

el cuadrado
....
Quadrat

el rectángulo
....
Rechteck

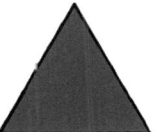

el triángulo
....
Dreieck

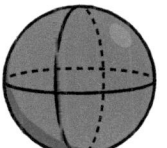

la esfera
....
Kugel

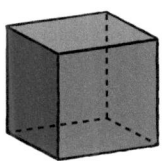

el cubo
....
Würfel

blanco
weiß

amarillo
gelb

anaranjado
orange

rosa
pink

rojo
rot

morado
lila

azul
blau

verde
grün

marrón
braun

gris
grau

negro
schwarz

mucho / poco

viel / wenig

enojado / tranquilo

wütend / friedlich

bonito / feo

hübsch / hässlich

principio / fin

Anfang / Ende

grande / pequeño

groß / klein

claro / oscuro

hell / dunkel

el hermano / la hermana

Brucer / Schwester

limpio / sucio

sauber / schmutzig

completo / incompleto

vollständig / unvollständig

el día / la noche

Tag / Nacht

muerto / vivo

tot / ebendig

ancho / estrecho

breit / schmal

comestible / no comestible

genießbar / ungenießbar

malo / amable

böse / freundlich

entusiasmado / aburrido

aufgeregt / gelangweilt

gordo / delgado

dick / dünn

primero / último

zuerst / zuletzt

el amigo / el enemigo

Freund / Feind

lleno / vacío

voll / leer

duro / blando

hart / weich

pesado / ligero

schwer / leicht

el hambre / la sed

Hunger / Durst

enfermo / sano

krank / gesund

ilegal / legal

illegal / legal

inteligente / tonto

intelligent / dumm

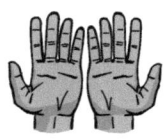

izquierda / derecha

links / rechts

cerca / lejos

nah / fern

nuevo / usado
neu / gebraucht

nada / algo
nichts / etwas

viejo / joven
alt / jung

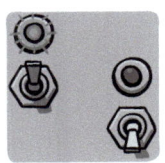

encendido / apagado
an / aus

ab erto / cerrado
offen / geschlossen

silencioso / ruidoso
leise / laut

rico / pobre
reich / arm

correcto / incorrecto
richtig / falsch

áspero / suave
rau / glatt

triste / contento
traurig / glücklich

corto / largo
kurz / lang

lento / rápido
langsam / schnell

húmedo / seco
nass / trocken

cálido / frío
warm / kühl

guerra / paz
Krieg / Frieden

los números

Zahlen

0

cero
....
null

1

uno
....
eins

2

dos
....
zwei

3

tres
....
drei

4

cuatro
....
vier

5

cinco
....
fünf

6

seis
....
sechs

7

siete
....
sieben

8

ocho
....
acht

9

nueve
....
neun

10

diez
....
zehn

11

once
....
elf

12

doce

zwölf

13

trece

dreizehn

14

catorce

vierzehn

15

quince

fünfzehn

16

dieciséis

sechzehn

17

diecisiete

siebzehn

18

dieciocho

achtzehn

19

diecinueve

neunzehn

20

veinte

zwanzig

100

cien

hundert

1.000

mil

tausend

1.000.000

el millón

million

el inglés

Englisch

el inglés americano

Amerikanisches Englisch

el chino madarín

Chinesisch Mandarin

el hindi

Hindi

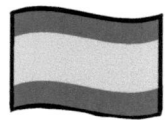

el español

Spanisch

el francés

Französisch

el árabe

Arabisch

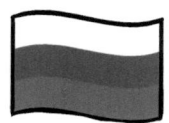

el ruso

Russisch

el portugués

Portugiesisch

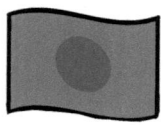

el bengalí

Bengalisch

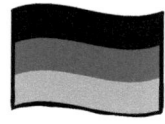

el alemán

Deutsch

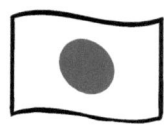

el japonés

Japanisch

yo

ich

tú

du

él / ella / ello

er / sie / es

nosotros/as

wir

vosotros/as

ihr

ellos/as

sie

¿quién?

wer?

¿qué?

was?

¿cómo?

wie?

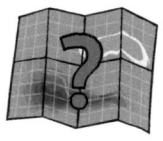

¿dónde?

wo?

¿cuándo?

wann?

el nombre

Name

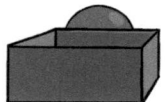

detrás

hinter

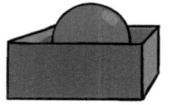

en

in

delante de

vor

por encima de

über

sobre

auf

debajo de

unter

junto a

neben

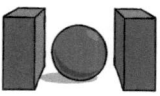

entre

zwischen

el lugar

Ort